AF245839

BERNARD

DE QUATREBARBES

PAR

LE P. DU REAU,

DE LA COMPAGNIE DE JÉSUS.

Le 27 novembre dernier, l'école Sainte-Genevieve rendait un juste hommage à l'un de ses anciens élèves, en célébrant un service pour son âme. Nous sommes heureux de pouvoir reproduire les paroles pieusement émues, prononcées en cette occasion par le R.P. Recteu r autrefois l'un des maîtres du glorieux défunt. Du haut du ciel, le noble soldat de Pie IX aura agréé, nous en sommes sûrs, les accents connus de cette voix vénérée et tendrement aimée.

Le R. P. Recteur s'est exprimé en ces termes :

Mes chers enfants,

« Les derniers événements d'Italie viennent d'atteindre et de frapper un ancien élève de Sainte-Geneviève. Bernard de Quatrebarbes, lieutenant d'artillerie, au service du Saint-Père depuis sept ans, a succombé,

il y a quelques jours, des suites de cruelles bles-
sures.

« Le **25** octobre, à Monte-Rotondo, il était à ses pièces
et commandait le feu, lorsqu'une balle touche le bras
gauche au-dessus du coude, rebondit sur l'avant-bras,
en occasionnant à son passage deux fractures. Presque
en même temps, une balle frappait la main droite et
lui enlevait un doigt.

« Il fut fait prisonnier.

« Quinze jours s'étaient passés. Son père avait pu ra-
mener le blessé à Rome. On espérait le sauver. Tout à
coup, le mal s'aggrave, l'amputation est jugée nécessaire, et c'est après quelques jours d'horribles souffrances, suite de l'opération chirurgicale, que cet admirable jeune homme a rendu son âme à Dieu.

« Tous ses amis rendront hommage à une si noble et
si sainte mémoire. Il était parti par sentiment d'honneur, modeste, sans chercher l'éclat de la gloire, pro-
fondément convaincu que sa place était à Rome, et
qu'il avait un devoir à remplir.

« Jamais plus de loyauté, plus de foi, plus de désintéressement n'ont dominé l'âme d'un jeune homme. Sa vie mériterait un éloge, et sa mort? Sa mort, si regrettable, si pleine de deuil qu'elle soit pour sa famille, sa mort, c'est un triomphe.

« Rien n'a manqué à sa gloire : ni la blessure reçue sur le champ de bataille, ni la grandeur de la cause pour laquelle il combattait, ni l'héroïsme de la souffrance, ni le calme et la résignation parfaite avec laquelle il a fait le sacrifice de sa vie.

« Mourir en brave, mes enfants, c'est beaucoup d'honneur : mourir en brave et en chrétien, c'est bien davantage : mourir en brave, en chrétien et pour une cause auguste et sacrée, c'est ajouter à son nom une triple gloire.

« Bernard de Quatrebarbes est mort…: ce triple honneur s'attache désormais à sa mémoire.

« Autrefois quand il partageait votre vie, nous étions heureux de rendre hommage à son noble caractère, à son inflexible amour du devoir, à sa vertu. Aujourd'hui, nous sommes fiers de l'avoir compté au milieu de vos rangs.

« Sa vie fut un modèle, sa mort est un grand exemple. Nous recueillerons l'une et l'autre comme un legs précieux ; nous l'acceptons avec reconnaissance.

« Tout fait espérer que son âme a passé de la terre au séjour de la gloire. Mais l'amitié a ses lois, et les convenances chrétiennes ont des devoirs à remplir. Il convenait donc qu'un souvenir si pur et si honorable fût rappelé au pied de l'autel où il a prié comme vous. Ce cher défunt fût-il déjà en possession du royaume des cieux, rien n'empêche que ce service funèbre se change en actions de grâces rendues au Dieu qui accorde de si bien mourir, et en prière pour tous les morts tombés sur le même champ de bataille.»

BERNARD

DE QUATREBARBES

Bernard de Quatrebarbes naquit à Nantes le 15 février 1840. Il était fils aîné du marquis de Quatrebarbes et petit-neveu du comte de Quatrebarbes, ancien gouverneur d'Ancône. Son grand oncle l'aimait d'une affection toute paternelle et se plaisait à voir en lui l'héritier, et le continuateur de son dévoûment à la cause catholique. On suppose aisément ce que fut l'éducation de Bernard au sein d'une famille si chrétienne. Dès sa première communion, son âme fut vivement touchée par l'action de la grâce. Sa mère s'en aperçut. Suivant l'usage, une dernière exhortation du prêtre préparait les enfants à la sainte communion. Agenouillée près de son fils, madame de Quatrebarbes l'entendait répéter ces paroles : « Oh ! dépêchez-vous, Monsieur l'abbé, dépêchez-vous ; vous retardez mon bonheur. » Le missionnaire ne l'entendit point ; mais il fut tellement ému du recueillement de l'enfant que sa voix s'altéra, et il eut peine à continuer. En sortant de l'église, Bernard se jeta dans les bras de son père et de sa mère : « Que je suis heureux, disait-il ; *je sais maintenant ce que c'est que de pleurer de joie.* » Ces premières impressions de la foi ne s'affaiblirent jamais. Au collége Saint-François-Xavier de Vannes, le jeune écolier se montra fidèle aux enseignements reçus dans sa famille. Il suffira de dire que les brillants succès de ses dernières années avaient fait concevoir de lui les plus belles espérances. Sa vertu à la fois douce et ferme lui avait gagné tous les cœurs. Ses heureuses qualités ne se démentirent point à l'école Sainte-Geneviève ; tous rendirent hommage à son caractère droit, généreux et incapable de transiger avec le devoir.

Il venait d'achever ses études au moment où les tristes événements de septembre 1860 plongeaient dans une douloureuse stupeur tous les cœurs catholiques. La cause pontificale avait succombé pour un temps. Une élite de chrétiens fidèles courait remplir les vides faits par la mort dans les rangs des défenseurs de l'Église. Bernard eut aussitôt la pensée de les suivre, et d'aller remplacer son cousin Georges d'Héliand tombé à Castelfidardo ; mais sa détermination ne fut irrévoca-

blement fixée qu'après un mûr examen. L'enthou-
siasme, l'entraînement n'y eurent aucune part :
il quitta sa famille convaincu qu'il accomplissait un
devoir sacré pour tout homme de cœur, vint avec un
de ses amis [1], se présenter au général de Lamoricière,
alors à Paris ; et forts de son approbation, tous deux se
rendirent à Rome pour s'enrôler comme simples volontaires. Ses attraits l'eussent porté vers le corps
des zouaves. Il était assuré d'y rencontrer plusieurs
de ses parents et de ses condisciples. Des hommes
d'expérience et de bon conseil lui représentèrent qu'il
serait plus utile dans l'artillerie. C'était lui demander
un sacrifice : très-peu de Français entraient dans
cette arme. — Bernard comprit qu'il fallait donner
l'exemple. Il céda volontiers. Soldat par conviction, il
se plia courageusement à toutes les exigences du mé-
tier ; et c'est dans la batterie étrangère, sous les ordres
de l'intrépide capitaine Daudier, qu'il se forma à la vie
militaire. Il devait y passer sept années d'une vie obscure
devant les hommes, mais pleine de mérites devant Dieu.

1. M. Charles de Falaiseau, intimement lié avec Bernard depuis
leur séjour à l'école Sainte-Geneviève. Il servit longtemps avec lui
dans l'artillerie, sous M. Daudier. Plus tard d'impérieux devoirs
le rappelèrent en France. Mais aux premières apparences de
danger il était de nouveau à son poste, avec son capitaine, ce militaire dont la bravoure n'a d'égale que sa fidélité à Pie IX.

Bernard de Quatrebarbes fut du petit nombre de ces valeureux jeunes gens qui, après avoir engagé leur foi au successeur de Pierre, ont voulu demeurer constamment rangés autour de leur drapeau et attendre dans le silence et l'humiliation le martyre ou la victoire. Comme eux, il eut à supporter les rudes labeurs du simple soldat; comme eux, il s'exila volontairement, dit adieu pour longtemps à une famille tendrement chérie; comme eux, à une existence aisée et facile il préféra la souffrance, pour répondre à l'appel si souvent et si clairement exprimé du vicaire de Jésus-Christ. Certes, ceux-là ont beaucoup fait pour la sainte Église de Dieu, qui ont persévéré et depuis Castelfidardo sont restés soldats de l'Église ! Veiller sept années, l'épée au côté, sur les marches du Vatican, ce n'était pas moins beau que de mourir à Monte-Libretti ou de vaincre à Mentana ; et c'était plus difficile. Honneur donc à ce noyau de braves, autour duquel sont venus depuis se grouper tant de vaillants courages !

Un dévoûment si pur ne pouvait être qu'entièrement désintéressé. Chez Bernard de Quatrebarbes cette vertu allait jusqu'à l'héroïsme. Il était depuis deux années environ maréchal des logis. Ses chefs, qui l'avaient distingué entre tous, songeaient à l'élever au rang d'officier. Bernard en est instruit ; mais il apprend en même temps que son avancement aura lieu au préjudice d'un de ses camarades, jeune Italien, comme lui volontaire, plus ancien, et qui n'a pour vivre que sa modeste position. Sans en parler à personne, Bernard fait aussitôt toutes les démarches nécessaires et obtient, non sans peine, de n'être pas préféré. Cet acte généreux lui valut de passer encore de longs mois dans les grades inférieurs. Plus tard, la batterie étrangère fut réorganisée, et le commandement en italien rétabli dans tout le régiment d'artillerie. Par suite d'une mesure devenue pour eux une nouvelle et pénible épreuve, presque tous les volontaires français et belges enrôlés dans l'artillerie obtinrent d'être incorporés aux zouaves ou rapatriés. Seul, pour ainsi dire, Bernard de Quatrebarbes persévéra, décidé à occuper jusqu'au bout le poste de la plus grande abnégation. Sa noble conduite lui valut l'admiration de tous. Officier, il était l'idole et la providence du soldat. Aussi, lorsqu'après son amputation il eut été transféré dans un logement particulier, une chambre voisine de la sienne était assiégée de visiteurs. Simples soldats, officiers, nobles romains, zouaves, religieux, tous venaient avec anxiété s'informer de l'état de sa santé.

Au moment où les agitations du mois de septembre dernier commençaient à se propager en Italie, le lieutenant de Quatrebarbes se disposait à revenir pour quel-

ques mois dans sa famille. Mais le danger parut immi-
nent ; il resta. Bagnorea ouvre la série des victoires de
l'armée pontificale. Bientôt Bernard est envoyé de Rome
à Monte-Rotondo avec une section d'artillerie. Une colonne, sous les ordres de M. de Charette, avait reçu la
mission de déloger les garibaldiens des positions qu'ils
occupaient sur les frontières. Nerola était leur quartier
général. L'attaque en est résolue ; mais la position est
forte ; il faut du canon, et les chemins sont imprati-
cables ; Bernard répond d'en amener, et réussit après
des efforts inouïs. Trois fois durant le trajet il fallut
démonter la pièce et la transporter à bras. Tous con-
naissent l'issue du combat. On en fut redevable surtout
à l'habileté du jeune lieutenant. Voici ce qu'écrivait un
officier de l'armée pontificale : « La plus belle part de
cette affaire est due au lieutenant de Quatrebarbes.
Tout le monde fait le plus grand éloge du talent et de
l'intelligence qu'il a montrés. Il a eu d'abord à surmonter les difficultés les plus grandes du terrain presque inacessible au canon. Les coups ont été parfaitement dirigés sur la tour et le château lui-même, auquel
il a fait de fortes brèches. C'est ce qui a contraint les
garibaldiens à se rendre, malgré l'avantage de la position. Sans le canon, le château n'eût été enlevé qu'a-
près beaucoup de pertes de notre côté. » Lui-même
rendait compte en ces termes de cette première action :

« J'ai donc entendu siffler les balles ; j'en suis bien aise. J'avais depuis longtemps le désir de me voir au feu. Je n'ai point eu peur. Sans doute je pensais bien que la mort pouvait me frapper dans quelques minutes ; mais cette préoccupation ne descendait pas dans ma volonté. Je me suis assez occupé de mon affaire pour ne pas faire grande attention à autre chose. Remerciez Dieu pour moi. J'ai pu me confesser et communier la veille de mon départ. »

L'expédition terminée, Bernard rentre à Monte-Rotondo ; il doit faire partie de la garnison commandée par le brave capitaine Coste. Les garibaldiens occupaient Correse. Maîtres du chemin de fer, ils pouvaient se porter en quelques heures sur Monte-Rotondo et Rome. Il devient donc nécessaire de rompre la voie pour éviter une attaque imprévue. L'opération est difficile et réclame un chef habile et déterminé ; c'est à peine si l'on peut détacher une soixantaine d'hommes, et les bandes sont répandues partout dans la campagne. Le lieutenant de Quatrebarbes est désigné ; ses artilleurs le suivent ; quelques carabiniers aux ordres du lieutenant Poole servent d'escorte aux travailleurs. Bernard, avec sa petite troupe, s'avance à moins d'un mille de Ponte-Correse, détruit le chemin de fer sur une longueur de 600 mètres, et revient sans avoir perdu un homme. L'ennemi, surpris et intimidé de cette audace, n'a pas opposé de résistance sérieuse.

Le jeune officier préludait ainsi à la lutte du 25 octobre. Appréciant l'importance de l'action qui se prépare, il monte avant le jour chez le P. Vanutelli [1] : « Mon père, lui dit-il, je viens vous demander l'absolution *in articulo mortis;* dans les conditions où je dois combattre, il est peu probable que j'en revienne. » A six heures du matin, le feu commença. Quatre mille garibaldiens entouraient Monte-Rotondo, défendu seulement par deux compagnies de légionnaires et une de carabiniers suisses. Bernard de Quatrebarbes avec ses canonniers seconda héroïquement cette poignée de braves.

Laissons-le raconter ce brillant fait d'armes avec sa modestie ordinaire : « Nous avons été attaqués par quatre mille hommes. La défense a duré depuis le vendredi à six heures du matin, jusqu'au samedi à neuf heures du matin. L'artillerie n'a pas pu rendre tous les

---

1. Le Père Vanutelli, religieux dominicain, frère de madame Kanzler. Aumônier de la garnison de Monte-Rotondo, il contribua puissamment par son exemple et ses exhortations à soutenir le courage des assiégés. Les garibaldiens furieux furent sur le point de le fusiller. Il échappa à la mort par un hasard providentiel.

services que j'aurais voulu, parce qu'un village fermé par un mur avec de larges portes n'était point disposé pour cela, et n'aurait pu l'être que par des travaux considérables. *Pour faire quelque chose,* nous étions obligés de sortir des portes, nous mettant tout à fait à découvert, et nous tournant à droite, à gauche, pour flanquer les murs et détourner les assaillants de l'attaque des autres portes. »

Citons un trait qui peint sa bravoure calme et réfléchie. Pendant une des fréquentes sorties de l'artillerie, le capitaine Coste aperçoit un bataillon qui, à la faveur d'un pli de terrain, marche pour surprendre les artilleurs. Il fait prévenir le lieutenant. « Dites au capitaine de ne rien craindre, » répond froidement celui-ci. Puis, choisissant une position avantageuse, il ordonne de charger la pièce à outrance, enjoint à ses hommes de s'écarter, de peur que le canon n'éclate au milieu d'eux, et seul attend l'ennemi. Soixante mètres le séparent encore des garibaldiens. Il pointe et met le feu. La tête de colonne est renversée par la mitraille; les morts et les blessés jonchent le sol, et plusieurs centaines d'assaillants reculent en désordre devant le sang-froid et l'énergie du vaillant officier.

Cependant les garibaldiens ont réussi à se loger dans

des maisons, situées près de la Porte Romaine. En cet endroit se concentrent les efforts de l'attaque. Peu de fenêtres ont vue sur cette porte, elle n'est pas fortifiée, et le feu de l'ennemi, parfaitement embusqué, incommode vivement la défense. Le capitaine Coste vient demander au lieutenant de Quatrebarbes s'il peut braquer une de ses pièces sur ces maisons et les démolir. Le lieutenant répond que ses artilleurs seront très-exposés, mais qu'enfin il croit la manœuvre fort utile. Il n'ajouta pas que, peu d'heures auparavant, il avait spontanément fait une première tentative, et que son maréchal des logis y avait perdu la vie. Écoutons-le parler maintenant : « Nous sortîmes donc la pièce chargée d'avance; il n'y avait plus qu'à mettre le crochet du tire-feu dans la boucle et à tirer. J'étais d'abord sorti seul, pour voir le point exact où il fallait mettre la batterie, afin de préserver mes canonniers de toute atteinte. Il n'y avait pas d'infanterie ennemie assez voisine pour nous enlever à la baïonnette, et d'ailleurs les légionnaires qui gardaient la porte étaient prêts à s'élancer à notre secours. Mais la disposition des lieux est telle que très-peu de nos feux d'infanterie pouvaient nous protéger. Les garibaldiens, voyant notre manœuvre, sortaient précipitamment de la maison, restaient à droite, à l'abri des feux de la place, et de là nous envoyaient leurs balles de grand cœur. »

Sous cette pluie de fer, le danger est tel que les plus braves ont peine à rester fermes. Une légère hésitation se manifeste ; Bernard, un instant seul près de sa pièce, ranime ses hommes d'une voix énergique et commande le feu. Aussitôt deux balles le frappent. L'une lui brise le bras gauche en trois endroits, l'autre lui fracasse la main droite.

« A ce moment, écrivait-il plus tard à sa mère avec sa main estropiée, je ressentis tout d'un coup une violente douleur au coude gauche, et un engourdissement plus douloureux encore dans le bras et la main. Ici j'avoue que je me suis un peu abandonné. L'amour-propre n'eût pas suffi à me rendre brave ; il ne suffit pas à me faire vaincre la nature et retenir mes plaintes. Ce n'est pas que j'aie crié ; mais un certain nombre de : *Mon Dieu, que je souffre !* sur un ton un peu lamentable ont pu paraître peu courageux aux légionnaires qui étaient là. Aussitôt blessé, je me retirai derrière la porte ; car je me sentais défaillir ; puis soutenu par un légionnaire et un canonnier, je m'acheminai lentement vers l'hôpital où je suis soigné par le chirurgien du village et un chirurgien militaire. »

Bernard ne disait pas tout. Atteint d'abord à la main, il l'enveloppa avec son mouchoir, et resta au feu.

Blessé pour la seconde fois et ne pouvant plus se tenir debout, il s'assit pour continuer à diriger ses artilleurs. On dut l'emporter quand ses forces le trahirent.

Sa valeur avait ravi l'admiration des ennemis eux-mêmes. Vainqueurs, les chefs garibaldiens s'informaient avec empressement du nom de l'officier français que l'on voyait sortir seul de la ville, amener l'artillerie, tirer, rentrer, puis reparaître encore et si bien manœuvrer que jusqu'au soir l'attaque ne gagnait pas un pouce de terrain. En effet, ce fut seulement après la blessure de Bernard que les assaillants purent s'approcher des portes, les incendier, pénétrer en nombre dans la place et réduire la garnison à la dernière extrémité. L'admirable capitaine Coste, racontant son héroïque défense, répétait les larmes aux yeux : « Si M. de Quatre-barbes n'eût pas été mis hors de combat, je ne me serais pas rendu. Nous avions quelques vivres ; nous eussions tenu vingt-quatre heures de plus et le découragement dispersait les bandes. »

La capitulation acceptée, Bernard fut laissé aux mains des garibaldiens dans Monte-Rotondo.

Il eut peu à se plaindre de ses gardiens ; on lui permit au bout de quelques jours d'écrire à sa famille ; il put même lui faire parvenir une dépêche, annonçant sa blessure comme légère et déjà en voie de guérison. A cette nouvelle, son père partit immédiatement pour Rome, décidé à tout entreprendre et à réclamer auprès de Garibaldi lui-même, s'il le fallait, son fils blessé et prisonnier. Mais, quand il arriva, Monte-Rotondo était délivré, et Bernard avait eu la joie, au lendemain de Mentana, d'embrasser ses amis et plusieurs de ses parents sortis sains et saufs de la bataille, où un autre Quatrebarbes venait de répandre son sang [1]. A cette heure encore, Bernard se flattait de garder son bras, et pourtant déjà se manifestaient les premiers accès de cette fièvre qui devait reparaître après l'amputation et terminer les longues souffrances du jeune martyr.

Aussitôt on s'occupa de le transporter à Rome. Le général Kanzler mit à la disposition du marquis de Quatrebarbes un vapeur pontifical. Porté à bras jusqu'au Tibre, Bernard fut ainsi ramené dans Rome après dix jours de captivité. La présence de son père le soutenait au milieu des plus cruels tourments. Il retrouvait en lui l'affection de la famille, et dans un élan de reconnaissance filiale : « Ah ! papa, s'écria-t-il, si la tendresse pouvait guérir, comme je me porterais bien ! »

1. Yves de Quatrebarbes, cousin de Bernard.

Mais les soins les plus assidus et les plus vigilants ne parvenaient point à arrêter les progrès du mal. L'inflammation gagnait et menaçait de s'étendre jusqu'à la poitrine. De toutes parts alors vers le ciel s'élevèrent de ferventes prières, et le Saint-Père lui-même envoya sa bénédiction à son cher malade. Mais Dieu voulait récompenser son serviteur, et il mesurait l'épreuve à son courage : avant le sacrifice suprême, il en exigeait un autre. Le premier mouvement du blessé fut de le repousser avec énergie. Quelques paroles de foi et d'amour tombées de la bouche paternelle rendirent le calme à son âme; il se résigna à la volonté de Dieu. La dangereuse opération, devenue nécessaire, eut lieu le samedi 16 novembre. Elle commençait, lorsque le R. P. de Gerlache survient en courant, et saisissant les mains du marquis de Quatrebarbes, qui, le cœur navré, s'agenouillait au chevet de son fils : « Monsieur, lui dit-il, je viens de chez le Saint-Père lui apprendre qu'on faisait en ce moment l'opération à votre fils ; il s'est aussitôt jeté à genoux en pleurant, a prié quelques instants et m'a donné pour lui une bénédiction spéciale que je vous apporte en toute hâte ! »

Quelle consolation pour une famille de voir les larmes du Vicaire de Jésus-Christ couler sur ses douleurs! N'est-ce pas ainsi qu'autrefois le divin Maître consolait Marthe et Marie en pleurant la mort de son ami Lazare?

Tous les secours de l'art avaient été employés pour diminuer la violence de la douleur. Malgré tout, le réveil fut affreux : « Il a souffert le martyre après l'opération, » écrivait un témoin oculaire.

Cependant Bernard, comprenant la gravité de son état, avait demandé sa mère. Malade elle-même au point d'inspirer à sa famille de sérieuses inquiétudes, elle dut renoncer à fermer les yeux à son fils bien-aimé. Seule, une des sœurs du blessé, accompagnée de sa tante madame d'Héliand, put arriver à temps ; elle fut l'ange de consolation envoyée par Dieu pour adoucir les derniers moments de son frère. Il la revit avec un bonheur indicible : « Parle-moi de ma mère, lui répétait-il, parle-moi de ma mère, de mes sœurs, de mes frères. » Puis il ajoutait avec une tristesse profonde : « J'ai le bras amputé. Quel sacrifice pour moi à renouveler tous les jours ; et, supposé que je guérisse, quelle pauvre existence mutilée avec un bras de moins et ma seule main estropiée ! » Cette pensée l'affligeait vivement, mais il trouvait dans sa foi la force de surmonter son amertume. Témoin cette parole souvent redite à la sœur de Charité qui l'assistait : « Ma sœur, le bon Dieu m'a donné une large part de souffrances. Mais je vous assure que je ne m'en plains pas ; ce qu'il fait est bien. »

L'heure approchait où tout allait être consommé. Bernard s'en aperçut : « Cela va mal depuis deux jours, je le vois bien, disait-il ; la fièvre ne cesse point ; je suis d'une faiblesse extrême. »

Le 21 novembre, le digne et respectable aumônier des zouaves, M. Daniel, étant venu le voir, Bernard lui demanda s'il n'était pas du nombre des malades qui peuvent recevoir le bon Dieu en viatique plus souvent que tous les huit jours. L'abbé Daniel répondit affirmativement, ajoutant que du reste il allait faire solliciter une permission auprès du Saint-Père. Là-dessus, Bernard reprit qu'il était bien indigne d'une pareille grâce, et se tournant vers sa sœur : « Prie pour moi, car je recevrai demain le bon Dieu, et je ne suis pas en état de prier pour m'y préparer. » Comme si sa patience inaltérable n'était pas de toutes les dispositions la meilleure et la plus méritoire!

Puis il voulait qu'on lui récitât le chapelet tout haut, répétant lui-même chaque parole à voix basse. Vers le soir, il se fit lire un chapitre de l'*Imitation*, sur la soumission entière à la volonté de Dieu dans les épreuves et les afflictions. « C’est bien beau, dit-il… continuons un peu ; » et quelques instants après, interrompant de nouveau la lecture et faisant un retour sur lui-même : « Comme le bon Dieu me visite tout de même ! moi qui ne demandais qu’à jouir de ma vie de famille bien tranquillement, et j’en ai toujours été loin ! Comme Dieu me visite ! Ah ! je n’ai pas envie de murmurer, parce que je sais qu’il est infiniment bon, qu’il nous aime beaucoup, qu’il fait tout pour notre plus grand bien. Même les choses que nous ne comprenons pas, et qui peuvent nous paraître un peu dures parfois, sont dans ce but. Je le sais ; aussi je veux bien tout ce qu’il veut et je m’offre à lui tout entier. Si seulement je ne me plaignais point !… Mais ce qui me console, c’est cette pensée que le bon Dieu a bien dit : Que ce calice s’éloigne de moi. »

Le lendemain matin on lui apporta la sainte Eucharistie, qu’il reçut dans les sentiments de foi les plus vifs. C’était vraiment pour lui le viatique de l’éternité.

En effet, les forces du malade diminuaient ; il ne pouvait plus rien prendre. Un feu intérieur le dévorait. Depuis les lèvres jusqu’à l’estomac, ce n’était, disait-il, qu’une douleur. Les quelques gouttes qu’il parvenait à avaler provoquaient des vomissements qui le brisaient.

Sa respiration était de plus en plus haletante. Cependant, pas une plainte : deux ou trois fois seulement, il se permit d'adresser doucement cette question à la sœur qui arrangeait son lit : « Croyez-vous vraiment, ma sœur, que je sois bien comme cela ? » Il était calme, et de temps en temps répétait ces mots : *Mon Dieu !* Il offrait ainsi les souffrances qui achevaient de purifier son âme et d'embellir sa couronne.

L'abbé Daniel vint lui donner l'Extrême-Onction vers dix heures du soir, le vendredi 22 novembre. Le mourant ne pouvait plus parler ; mais la sœur prononçait lentement à côté de lui les noms de Jésus et de Marie, et quelques actes d'abandon à la volonté de Dieu ; et lui, pour montrer qu'il s'unissait à sa prière, poussait un léger soupir. Il conserva sa connaissance jusqu'aux derniers instants, et vers minuit il s'éteignit doucement, sans agonie, sans frayeur de la mort.

Ces mots étaient écrits sur la triste dépêche qui en apportait la nouvelle à sa mère : « Bernard au ciel. » Et les larmes de la mère coulent sans amertume, car son fils est un saint et un martyr de plus.

« Il est au ciel, écrivait M. de Falaiseau, le plus cher et le plus fidèle compagnon d'armes de Bernard, nous en avons la certitude; et du ciel il nous voit, il veille sur nous, il prie pour nous. Chaque jour, au saint sacrifice, nous pouvons offrir son sang avec celui de l'auguste Victime, car ce sang a été versé pour l'Église. Oh! comment le plaindre? Mourir pour l'Église! Mais n'est-ce pas la grâce la plus insigne qui puisse nous être faite ici-bas? Cette grâce, Bernard l'avait méritée par la candeur et la pureté de son âme; il l'avait méritée par son inépuisable charité. Je ne me souviens pas, dans ces dernières années, lui avoir vu jamais refuser l'aumône à un pauvre, et chaque fois qu'il déposait son offrande, il ne manquait pas de dire avec une simplicité charmante : « Dites un *Ave Maria*, » et il ne s'éloignait que lorsque le pauvre avait commencé sa prière.

« Sa mort a été douce et calme comme l'avait été sa vie; il l'a vue venir sans effroi; depuis longtemps il y était préparé. C'était une si belle âme que celle de mon cher Bernard! Je n'ai jamais rencontré un ensemble de qualités plus aimables et plus attachantes. Aussi que de regrets il laisse derrière lui! combien je plains sa famille! Mais lui, comment le plaindre? Son bonheur est si parfaitement assuré et sa couronne sera si belle! »

Voilà comment meurent ces jeunes hommes qu'on a

nommés des mercenaires! Mercenaires, oui, ils le sont
à la façon de ce grand saint qui avait l'ambition d'ob-
tenir Dieu en personne pour sa récompense. « Quelle
récompense veux-tu de moi, Thomas? — Nulle autre
que vous-même, Seigneur. »

Le lundi 17 décembre, le corps du martyr, ramené
par son père, débarquait à Marseille, et le jeudi suivant
il arrivait à la gare de Morannes. A Rome, les sympa-
thies les plus vives avaient entouré le jeune blessé dans
ses derniers jours. Le général Kanzler, le roi et la reine
de Naples, le Saint-Père lui-même étaient venus s'as-
seoir au chevet du mourant. Lors des services célébrés
pour lui dans diverses églises, une foule compacte se
pressait autour de son cercueil. De semblables honneurs
l'attendaient en France. Le zélé pasteur de Morannes
avait, du haut de la chaire, prévenu les fidèles. Les dé-
pouilles mortelles d'un défenseur de la Papauté allaient
traverser la paroisse. Il ne s'agissait pas de rendre
hommage à une famille aimée et respectée, à une nais-
sance illustre. C'était le soldat de Pie IX, mort au champ
d'honneur, le martyr de Jésus-Christ, qu'il fallait glori-
fier, quel que fût son nom ou son rang. Tous l'avaient
compris. Le jeudi matin, 19 décembre, le clergé de
Morannes et des communes voisines recevait le corps.

Le cercueil, recouvert des insignes militaires, où brillait la croix de Pie IX, était porté à bras et placé dans l'église, sur un magnifique catafalque. La population entière était accourue, pour répondre à l'appel de son digne pasteur. Après la messe et l'absoute, le corps fut enlevé et porté de nouveau pendant une demi-lieue. L'affluence, au sortir de Morannes, était telle que l'on dut, sur le pont, faire arrêter le cortége et ralentir la marche; le tablier fléchissait au point de faire redouter un grave accident. De là, chargé sur une voiture, le corps fut conduit à Argenton. Le convoi traversa plusieurs villages. Dès qu'il était aperçu, les cloches se mettaient en branle et les habitants sortaient de leurs demeures pour vénérer ces restes précieux. Une même pensée de foi agitait tous les cœurs et les poussait au-devant du martyr. Le corps fut déposé dans la chapelle du cimetière où il devait être inhumé. Durant trois jours, de pieux visiteurs y vinrent sans cesse prier, et faire toucher au cercueil des chapelets et des médailles. Il avait fallu défendre de couper des morceaux du drap mortuaire.

Le dimanche, veille des obsèques, le respectable curé d'Argenton voulut parler de celui qu'il avait tant aimé. Il ne fit point l'éloge du guerrier: il se contenta de rappeler à ses auditeurs combien Bernard leur avait été cher. Sa douceur, sa bonté bien connues, son obéissance toujours parfaite, et tant de vertus couronnées par le martyre, tel fut le sujet de ce simple entretien. Le saint prêtre termina en montrant Bernard donnant sa vie pour Pie IX, et par là se sacrifiant pour tous les chrétiens. Défendre le père, s'écria-t-il, c'est défendre les enfants. Mourir pour le père, c'est mourir pour les enfants. Le lendemain, sur la grande porte de l'église, se lisait cette inscription : *Il a donné sa vie pour vous.* Éloquente parole, qui résume admirablement le dévoûment des volontaires pontificaux.

La cérémonie funèbre était fixée au 23 décembre.

Mgr l'évêque de Laval avait tenu à officier en personne et annoncé qu'il se réservait de faire l'éloge du jeune héros.

L'église d'Argenton, tendue de noir, était ornée d'écussons aux armes pontificales et aux armes de la famille de Quatrebarbes. On avait écrit sur deux d'entre eux les noms glorieux de Nerola et Monte-Rotondo. Malgré le mauvais temps et la difficulté des chemins, une nombreuse assistance remplissait l'église, trop étroite pour la contenir. Cinquante prêtres entouraient l'autel où Mgr Wicart célébrait la sainte messe. Au milieu de la nef, reposait le cercueil décoré de l'uniforme que Bernard portait au dernier combat. Les traces du sang versé pour Dieu s'y voyaient encore. Avant l'absoute, Monseigneur prit la parole. Sa voix émue et attendrie produisit une profonde impression; les larmes coulaient de tous les yeux. Le corps fut ensuite conduit au cimetière. Les coins du poêle étaient tenus par le comte de Quatrebarbes, par Yves de Quatrebarbes, le blessé de Mentana, et par deux anciens zouaves, MM. Tresvaux du Fraval et Roger du Bourg. Monseigneur vint lui-même réciter sur la tombe les dernières prières. Madame de Quatrebarbes, toujours retenue par la maladie, n'avait pu assister à cette douloureuse cérémonie. Le vénérable prélat se rendit près d'elle; tous les membres de la famille s'y réunirent pour recevoir la bénédiction épiscopale. Sa Grandeur sut trouver des paroles capables de consoler les plus cuisants chagrins, d'adoucir les plus grands sacrifices, et laissa tous les cœurs pénétrés de la plus vive reconnaissance.

Nous sommes heureux de pouvoir insérer ici l'allocution prononcée par Sa Grandeur, dans l'église d'Argenton, et d'y joindre deux lettres écrites de la main du général Kanzler.

ALLOCUTION

PRONONCÉE PAR Mgr L'ÉVÊQUE DE LAVAL

DANS L'ÉGLISE D'ARGENTON, LE 23 DÉCEMBRE 1867

> *Doleo super te, frater mi Jonatha.,... Sicut*
> *mater unicum amat filium suum , ita ego te*
> *diligebam.*
>
> Je pleure sur toi, mon doux frère Jonathas.....
> Comme une mère aime son fils unique, ainsi
> te chérissait mon cœur.   (II Rois.)

C'est, chrétiens, la traduction à peu près littérale des
paroles empruntées au chant funèbre par lequel David
célébra, devant toute la tribu de Juda, le trépas héroïque de son jeune et vaillant ami, tombé sous les coups
des Philistins, à côté du roi, son père. Je n'ai point
cherché s'il y avait dans les saints livres quelque autre
texte plus applicable au jeune comte de Quatrebarbes.
et à la cérémonie, à la fois douloureuse et consolante,
qui nous rassemble. Celui-ci s'est offert le premier. Je
l'ai accueilli, parce qu'il exprime tout ce qui est dans
chacun des cœurs les plus rapprochés de cette tombe ;
tout ce que je sens moi-même dans le mien ; et parce
qu'il n'y a pas, dans cette religieuse assistance, une seule

âme qui n'éprouve le même sentiment de vénération, d'estime profonde, de respectueuse et tendre affection pour ce jeune héros, si ferme et si pur, pour ce modèle presque parfait de piété envers Dieu, de dévoûment envers la sainte Église et le Saint-Siége apostolique, de fidélité à tous ses devoirs de chrétien, de brillant officier et de fils toujours aussi soumis, aussi aimant que bien justement aimé du meilleur des pères, de la plus généreuse des mères; tel enfin qu'il suffisait de l'avoir vu une seule fois en sa vie, pour en avoir conservé le meilleur souvenir et conçu les plus heureuses espérances.

Tant de mérites et de talents, qui se développaient de jour en jour, lui auraient donc permis d'aspirer aux premiers emplois. Mais Bernard de Quatrebarbes n'aspirait à rien qu'à remplir perpétuellement son devoir et à rendre, sans aucune ambition, le plus de services possible à la plus sainte des causes. Et si la mort avait respecté cette tête si chère, comme elle a pu heureusement en épargner tant d'autres, en particulier ces trois frères [1] qui, sous un autre nom bien respectable, portent également du sang de Quatrebarbes dans les veines, ou qu'elle ne lui eût demandé qu'un peu de ce sang, avec quelques souffrances patiemment supportées,

1. MM. Zacharie du Reau, capitaine aux zouaves pontificaux; Maurice et Henri du Reau, sergents.

comme elle s'est contentée de le faire à ce cinquième. Quatrebarbes blessé à Mentana, vous eussiez vu le défenseur intrépide de Monte-Rotondo devenu capitaine ou commandant de l'artillerie pontificale, honoré des plus flatteuses distinctions (aujourd'hui voilées, hélas! sur la poitrine de son digne père), venir reprendre quelque jour au milieu des siens, et suivre jusqu'à sa dernière heure les simples et paisibles traditions de belles et fortes vertus, devenues comme héréditaires dans sa noble famille. Lui-même en faisait l'aveu, la veille ou l'avant-veille de sa mort : « Je n'ai jamais eu d'autre désir, » disait-il.

Ne murmurons point, chrétiens. Les biens et les jouissances de la terre lui ont échappé : mais qu'est-ce que les biens ou les jouissances de ce monde?

Nous ne sommes ici-bas que pour y remplir des devoirs! Et Bernard de Quatrebarbes, dans un intervalle de temps très-court, a rempli de fortes études, de travail assidu et de dévoûment sans bornes, toutes les heures de son rapide passage à travers la vie. Dieu l'a cueilli comme un fruit mûr. Il était prêt. Ce fut, du reste, le caractère spécial et admirable de cette guerre doublement sacrée. Depuis bien des siècles, ni la terre, ni le ciel n'avaient rien vu de semblable : toute une armée marchant au combat après avoir reçu la veille, avec la rémission de ses péchés, le pain des anges qui donne la victoire et la vie.

Bernard de Quatrebarbes, le chrétien d'élite toujours prêt, pouvait donc tomber sur le champ de bataille et même y rester. Dieu cependant ne l'a pas voulu; il le laissa vivre et souffrir pendant plusieurs semaines. C'était pour donner à son père, à sa sœur, à sa tante promptement accourus, la consolation de le revoir et de contempler tant de courage uni à une foi si profonde, à une résignation si entière à toutes les dispositions de la divine Providence à son égard; et afin qu'ils pussent ensuite en rapporter tous les détails si touchants à la femme forte, sa mère, qui ne pouvait offrir de loin devant Dieu que ses propres souffrances, physiques et morales, en union avec celles de son bien-aimé Bernard, qu'elle nommait peut-être déjà son bienheureux Machabée.

Mais quoi! fallait-il donc que tant d'angoisses vinssent déchirer des cœurs si dévoués à Dieu et au Vicaire de son divin Fils? Non, chrétiens. Mais le Seigneur complétait l'œuvre de ses miséricordes. Il perfectionnait la vertu de ceux qu'il allait laisser sur la terre; et, nul homme n'ayant le droit de se croire assez pur pour paraître immédiatement devant le Saint des saints, il laissait à son soldat fidèle le temps de payer en ce monde jusqu'à la dernière obole de la dette qu'il pouvait avoir contractée envers sa justice. Et quand l'expiation eut atteint son terme, la trame se rompit, et l'âme de l'élu s'élança au séjour des anges. Georges d'Héliand, vous étiez là, sans doute! première et douce victime, saintement tombée sur le champ d'honneur de Castelfidardo, vous serez venu à la rencontre de votre glorieux parent, à qui les rangs de la milice céleste s'ouvraient, et que la main du Roi des rois allait couronner! Issus du même sang, N. T. C. F., morts tous deux pour la même sainte cause, ils jouissent ensemble, n'en doutons plus, des délices de l'éternelle félicité. Eh! pour qui donc seraient ces récompenses infinies de gloire et de bonheur, si ce n'est pour cette jeunesse conservée si pure, pour cette vie si chrétiennement offerte dans sa fleur à peine épanouie, pour cette âme qui s'envole en laissant ses lèvres collées sur l'image de Jésus-Christ crucifié.

Bernard au ciel, écrivait avec sa concision, cette fois sublime, le télégraphe à sa mère. *Bernard au ciel!* c'était le cri de la foi, le cri de l'espérance, le cri de l'amour enflammé qui s'était donné tout entier; c'était le cri de la vérité. Oui, Bernard est pour jamais avec Dieu, dans la gloire et les joies sans nuages.

Peut-être aussi qu'en ce moment il est donné aux deux héros de voir, des hauteurs célestes, toute leur famille, avec ce vénérable vétéran des combats de l'Église, leur modèle à tous, l'ancien gouverneur d'Ancône pour le grand pontife Pie IX, recueillie devant ce saint autel et autour de ce cercueil qui va disparaître. Et les deux jeunes héros remercient Dieu de les avoir entourés constamment de si beaux exemples qu'ils n'ont eu qu'à suivre pour arriver où ils sont.

Pour nous, simples spectateurs, mais spectateurs émus de ce religieux tableau, s'ils daignent abaisser également leurs regards jusque sur nous, mes frères, nous nous les représenterons avec leurs plaies ouvertes sur les champs de bataille; nous rapprocherons d'eux en esprit cette autre pieuse victime [1] que Château-Gontier honore, qui tomba tristement, vous savez sous quels coups criminels, avant l'heure des combats; et si nous les écoutons attentivement, nous les entendrons nous dire tous trois, au fond de nos consciences : C'est ainsi qu'il faut savoir mourir pour Dieu; ainsi, du moins, qu'il faut savoir et vouloir vivre, en chrétiens fidèles comme nous l'avons été; car la couronne immortelle n'est promise qu'à ce prix.

1. M. Henri de Foucault des Bigotières, zouave, assassiné dans les rues de Rome le 25 octobre.

LETTRES DU GÉNÉRAL KANZLER

AU COMTE DE QUATREBARBES.

Rome, le 23 novembre 1867.

« Mon cher Monsieur,

« Certainement la Providence a daigné nous donner la victoire et j'en rends grâce à Dieu ; mais elle a dû être achetée au prix de bien des vies précieuses.

« Votre cher neveu Bernard, que j'avais encore l'espoir de rendre à la tendresse de sa famille, a succombé à sa cruelle blessure, dans la nuit du 22 au 23. Vous dire qu'il est mort en héros et en saint serait inutile. Il est mort comme il avait vécu, et c'est là le plus bel éloge que je puisse faire de cet admirable jeune homme. Il a emporté mes profonds regrets, et ceux de tous ses camarades qui l'appréciaient à sa juste valeur.

« Grâce à Dieu, Yves de Quatrebarbes va beaucoup mieux, et j'espère le voir bientôt complétement hors d'affaire.

« Permettez-moi donc, cher Monsieur, d'associer mes profonds regrets à toute votre douleur.

« Puisse le souvenir que nous conservons tous des mérites et des rares qualités de celui que vous pleurez, apporter quelque adoucissement à l'amertume de vos larmes.

« Croyez. cher Monsieur, aux sentiments bien affectueux de votre tout dévoué serviteur et ami affectionné,

« *Le général ministre des armes,*

« KANZLER. »

Rome, le 25 décembre 1867.

« Mon cher Comte,

« Je reviens du service funèbre de Bernard de Quatre-barbes, et j'éprouve le besoin de vous écrire encore deux mots, de vous serrer bien affectueusement la main, au sortir de cette douloureuse cérémonie. Vous pleurez un fils d'adoption sur la tête duquel s'étaient réunies vos plus chères tendresses. Le Saint-Père a perdu en lui un de ses serviteurs les plus dévoués et un de ses officiers du plus rare mérite ; nous autres sol-dats, un bon ami et un vaillant frère d'armes. Vous sa-vez déjà, du reste, qu'il est tombé en héros et qu'il est mort comme un saint.

« Quand Dieu rappelle à lui des existences si pré-cieuses et si bien remplies, c'est qu'elles sont mûres pour le ciel. Le triomphe de l'Église a toujours été, mon cher Comte, la pensée dominante de votre vie ; au mi-lieu du bien naturel déchirement de votre cœur, soyez

donc fier de la part que votre noble famille a prise à ce
triomphe.

« Bernard de Quatrebarbes, par sa vie et par sa mort,
sera toujours compté parmi les plus généreux et les plus
brillants défenseurs de la plus belle des causes. C'est
dans cette pensée seule que votre irréparable douleur
peut puiser quelque consolation et quelque soula-
gement.

« Madame Kanzler associe tous ses sentiments aux
miens, mon cher Comte, dans cette vive part que nous
prenons à votre chagrin.

« Veuillez en offrir, pour elle et pour moi, l'expres-
sion bien sincère à madame la comtesse de Quatrebarbes, et me croire plus que jamais votre tout dévoué,

« Le général ministre des armes,

« KANZLER. »

PARIS. — IMP. VICTOR GOUPY, RUE GARANCIÈRE, 5.

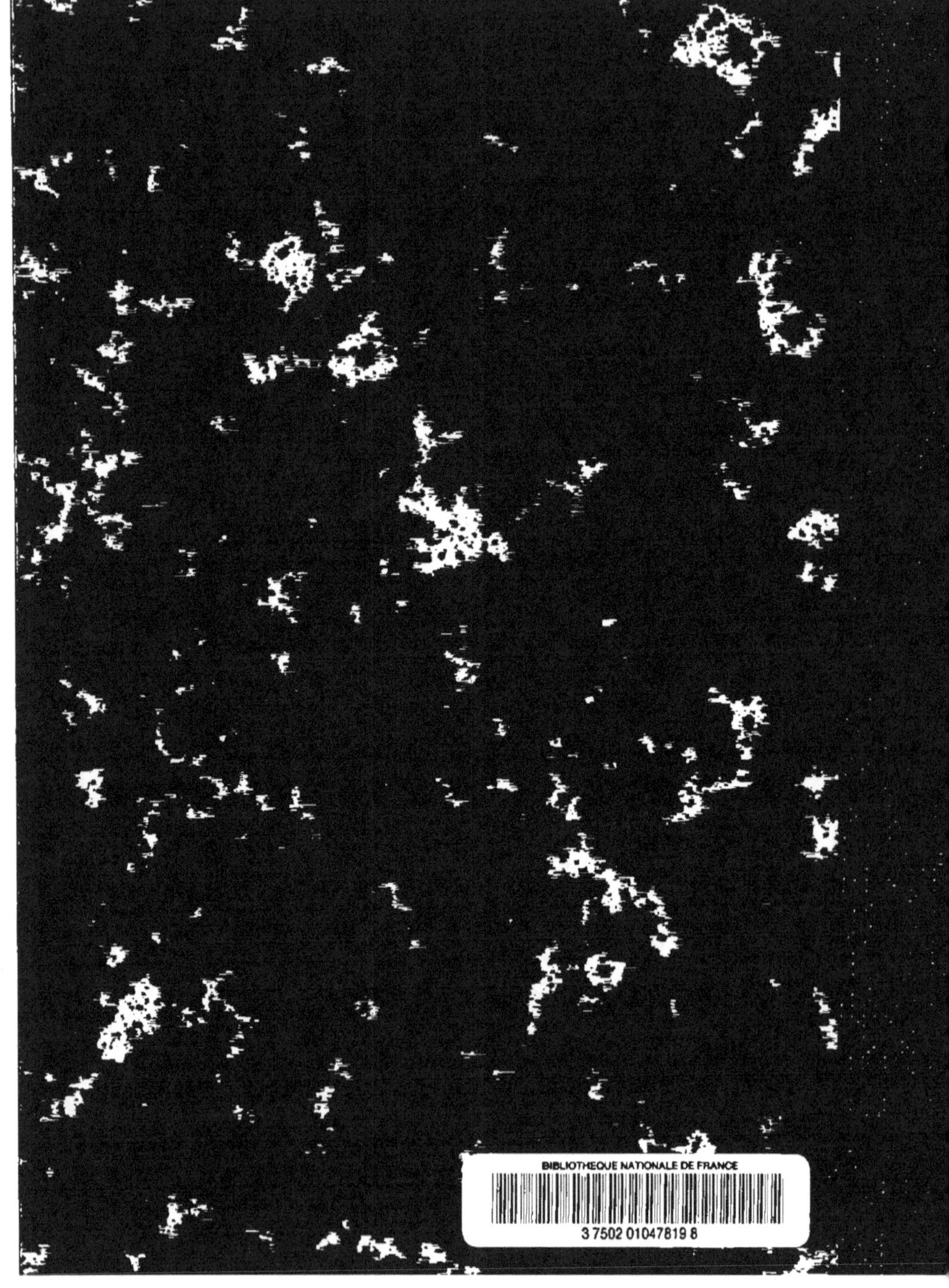

BIBLIOTHEQUE NATIONALE DE FRANCE
3 7502 01047819 8